壮美长城在辽宁

万里长城辽宁段品鉴

ZHUANGMEI CHANGCHENG ZAI LIAONING

WANLI CHANGCHENG

LIAONINGDUAN PINJIAN

辽宁省长城国家文化公园
建设工作领导小组办公室 编

辽宁人民出版社

葫芦岛绥中长城 / 时平

葫芦岛绥中锥子山长城 / 邓旭

葫芦岛绥中长城 / 常亮

葫芦岛绥中蓟辽长城 / 杨爱胜

葫芦岛绥中长城 / 赵长森

葫芦岛绥中九门口长城 / 张清福

锦州北镇医巫闾山 / 马俊儒

丹东虎山长城 / 张立杰

丹东虎山长城 / 高潮

丹东虎山长城 / 唐明章

总　序

　　党的十八大以来，习近平总书记高度重视长城文化保护传承弘扬工作，多次发表讲话并作出重要指示。习近平总书记深刻指出，"当今世界，人们提起中国，就会想起万里长城；提起中华文明，也会想起万里长城。长城、长江、黄河等都是中华民族的重要象征，是中华民族精神的重要标志。我们一定要重视历史文化保护传承，保护好中华民族精神生生不息的根脉"。"长城凝聚了中华民族自强不息的奋斗精神和众志成城、坚韧不屈的爱国情怀，已经成为中华民族的代表性符号和中华文明的重要象征。要做好长城文化价值发掘和文物遗产传承保护工作，弘扬民族精神，为实现中华民族伟大复兴的中国梦凝聚起磅礴力量。"习近平总书记的重要指示，思想深邃、内涵丰富，为我们做好长城文化保护、传承、弘扬工作提供了根本遵循，指明了前进方向。建设长城国家文化公园，是以习近平同志为核心的党中央作出的重大决策部署，是推动新时代文化繁荣发展的重大文化工程，也是保护、传承、弘扬长城文化的创新之举。

　　辽宁长城资源丰富，现存战国（燕）、秦、汉、辽、明五个时代的遗存，全长约2350千米，绵延分布于全省13个市。长城国家文化公园（辽宁段）建设，是我省深入贯彻落实党的二十大精神的一项重要工作，是我省"十四五"时期深入推进的重大文化工程，是我省文化事业发展的一件大事。省委、省政府高度重视这项工作，部署发布《长城国家文化公园（辽宁段）建设保护规划》；实施保护传承、研究发掘、环境配套、文旅融合、数字再现五大基础工程；要求坚持保护优先，遵循文物保护规律，确保长城资源及其环境背景得到有效保护；注重工作统筹，把长城保护与环境配套、文旅融合、数字赋能结合起来；加强组织领导和政策保障，注重点面结合，确保长城国家文化公园（辽宁段）各项建设任务落到实处。

长城国家文化公园一个重要功能，就是把文物古迹、历史遗存中蕴含的思想理念、人文精神，生动形象地展现在人民群众面前，让人民群众了解长城文化、感受长城精神，让人民群众在参观游览过程中，潜移默化地接受中华传统文化教育。我省在实施研究挖掘工程中，明确把长城文化和长城精神研究发掘作为一项重要任务，认为这是一切保护、展示和利用工作的支撑和基础，应加强长城辽宁段文物研究、文化发掘和传承弘扬。

　　在辽宁省长城国家文化公园建设工作领导小组统筹部署下，我们积极参与辽宁各地梳理长城文化资源，加强历史文化研究，努力形成一批专著、论文、研究报告等成果。本丛书就是落实这一举措的重要成果。希望这些成果能够有力推动全省上下积极关注和支持长城国家文化公园（辽宁段）建设，形成长城文化发展更为广泛的共识，推动更多人一起致力保护好中华民族精神生生不息的根脉，为辽宁振兴发展乃至中华民族伟大复兴提供不竭的精神力量。

FOREV

葫芦岛绥中西沟长城 / 程显绪

前 言

　　当今，人们提起中国，就会想起万里长城；提起中华文明，也会想起万里长城。长城上下两千年，纵横十万余里，是中国乃至世界文明史上的奇迹，是中华民族精神的重要标志。

　　长城辽宁段是万里长城的重要组成部分，是中国长城线性文化遗产的一部分。其资源点段认定数量居长城沿线 15 个省（自治区、直辖市）中第五名。位于长城沿线的辽西走廊，是我国各民族融合的大通道；辽东重地，是屯兵戍边的大前沿。燕秦汉长城在辽西北，辽西走廊长城与河北山海关相连，辽东鸭绿江长城与朝鲜一衣带水，历史厚重，地位特殊。

　　建设长城国家文化公园，是深入贯彻落实习近平总书记系列重要指示精神的重大举措，也是一项国家重大文化工程。建设长城国家文化公园（辽宁段）既是贯彻落实新时代党中央、国务院决策部署的必然要求，也是保护传承优秀传统文化，凝聚实现中华民族伟大复兴的强大精神力量，更是在辽宁省委、省政府领导下推动实现文化和旅游高质量发展的重要实践。

　　在长城国家文化公园（辽宁段）建设的新时期，省建设工作领导小组各成员单位干部员工恪尽职守，勇毅实践；活跃在全省的长城爱好者、摄影家们不辞辛劳，用脚步丈量芬芳、用精彩镜头记录美好，汇聚了大量宝贵的文字和图片资料，为传承新时代辽宁长城精神内涵和文化价值，彰显文化自信，推动辽宁文化强省、旅游强省建设贡献力量。

　　本书以《长城国家文化公园（辽宁段）建设保护规划》为依据，以巩固首届长城文化发展论坛成果为导向，以辽宁段长城资源为主线，以全新的视角，充分展示长城的威武雄姿与文化魅力，让读者充分领略辽宁长城之美，汲取长城精神力量，激发奋进新时代的动力。

　　在此，对一如既往支持关心长城辽宁段建设发展的各界人士表示感谢！对辽宁省摄影家协会等单位组织提供精彩作品致以叩谢！向无私奉献，展现长城辽宁段美好形象的发现者们深深鸣谢！

CONTE

葫芦岛绥中锥子山长城 / 张艳秋

目 录

一 长城辽宁段概览 001

二 《长城国家文化公园（辽宁段）建设保护规划》图解 006

三 长城辽宁段遗存年代示意图 013

四 长城辽宁段沿线文物资源分布图 015

五 长城辽宁段沿线历史文化资源分布图 017

六 长城辽宁段沿线革命文化资源分布图 019

七 长城辽宁段沿线各市资源展示 020

八 长城精神文化在辽宁大地弘扬 152

一

长城辽宁段概览

（一）长城资源概况

辽宁省地处环渤海和东北亚地区中心地带，既沿海又沿边，拥有大陆海岸线 2110 千米，自古以来就是我国东北地区对外开放的重要门户和前沿。长城辽宁段整体呈"M"状蜿蜒分布，西接燕山余脉，东至鸭绿江畔，北抵内蒙古草原，南临渤海之滨，负山阻海，地险而要，自然环境丰富，体系完备。

历史悠久，覆盖面广。辽宁历代为陆海边境交会之处，是各个历史时期的防御重点。长城辽宁段现存战国（燕）、秦、汉、辽、明等五个时期的遗存，历史悠久，时间跨度大，且辽长城为全国现存唯一一处。**规模庞大，类型丰富。**辽宁段燕秦长城墙体主线长度为 107.518 千米，现存墙体累计长度为 41.211 千米。辽宁段明长城从东向西行经 12 个市，总长度 1235.989 千米。**体系完整，价值突出。**辽宁境内不同时期的长城资源呈现出经过缜密设计的完整防御体系特征。兴城古城（明代宁远卫城）是国内现存最完整的明代卫城，虎山长城与周围烽火台、堡城构成了明长城最东端的防御体系，锥子山长城完整保存了明代蓟镇与辽东镇长城交接处"三龙交会"的奇观，九门口长城是国内保存最好且防御体系最完整的明代水上长城（过河城桥）遗存等。**景观丰富，环境优美。**长城辽宁段地貌景观类型丰富，长城与自然生态环境紧密融合、和谐统一，共同组合成壮美宏阔的长城景观，如虎山长城、兴城古城、九门口长城、锥子山长城等，无一不是长城与自然山水相得益彰的文化景观典范。

（二）总体空间格局

根据各时代长城文物和文化资源的地域分布特征、历史文化价值、景观游览价值等，以明长城为主线，将长城辽宁段的空间结构划分为两带、四区、多点"空间结构"。

以辽宁省现存最完整、景观价值最高的明长城为主体，分为辽西长城文化带和辽东长城文化带；将具有国家文化名片和辽宁省标志性意义的四个长城文物和文化资源富集区，作为"万里长城"东端主体标志区；将与长城重大历史事件存在直接关联，以及具有文化景观典型特征的多个标志性长城点段、关堡卫所等作为形象标志点。

（三）长城沿线文化和旅游资源概况

长城辽宁段沿线的文化与旅游资源十分丰富，与长城游览线有机结合，构建多层次多样化的文化旅游区。

中华优秀传统文化资源。 长城辽宁段沿线分布了大量中华优秀传统文化资源，包括各级文物保护单位、名城名镇名村等历史文化资源以及非物质文化遗产。

红色文化资源与其他重要史迹。 辽宁是抗日战争、解放战争和抗美援朝战争的重要发生地，长城沿线保存了大量相关遗址、纪念地、展馆等红色旅游资源。

人文自然与先进文化资源。 长城辽宁段沿线分布有森林公园、自然保护区、风景名胜区等丰富的自然生态旅游资源。

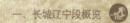

葫芦岛绥中西沟锥子山长城 / 李东石

葫芦岛绥中长城 / 唐明章

（四）长城辽宁段的文化价值

长城辽宁段集中体现了古代陆海一体化防御体系的建设成就，全面展现了东北边疆人地和谐共生与互动的文化景观，深刻诠释了中华民族爱好和平、坚韧自强的民族精神，充分彰显了中华民族的文化底蕴和文化自信。

（五）长城国家文化公园（辽宁段）建设的重大意义

建设长城国家文化公园（辽宁段），是深入贯彻落实习近平总书记关于发掘好、利用好丰富文物和文化资源，让文物说话、让历史说话、让文化说话，推动中华优秀传统文化创造性转化创新性发展、传承革命文化、发展先进文化等一系列重要指示精神的重要举措，是探索新时代长城文物和文化资源保护传承利用的辽宁路径。

具体意义在于：有利于传承弘扬长城精神，彰显文化自信；保护长城建筑遗产，延续长城文化，建设国家重大的景观工程；服务国家战略，巩固脱贫成果，实现可持续发展的重要路径；推动基础设施建设，推进产业转型，带动经济发展的重大举措。

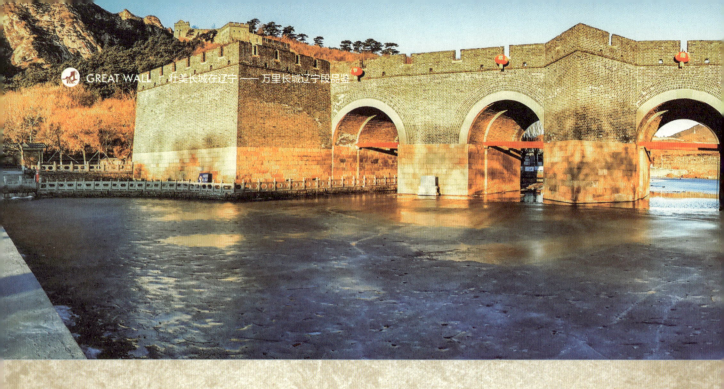

二

《长城国家文化公园（辽宁段）建设保护规划》图解

　　辽宁组织精干力量，强化顶层设计，高水准编制《长城国家文化公园（辽宁段）建设保护规划》（以下简称"《规划》"），通过整合长城及沿线文物、文化和生态资源，实现保护传承利用、文化教育、公共服务、旅游观光、休闲娱乐、科学研究功能，集中打造中华文化重要标志，坚定文化自信，彰显中华优秀传统文化的持久影响力和社会主义先进文化的强大感召力。

　　《规划》主要阐明总体要求、目标定位和主要内容，所展示范围仅包括经国家文物局认定的辽宁省战国燕、秦、汉长城，辽代具备长城特征的防御体系及明长城，涉及丹东、本溪、抚顺、铁岭、沈阳、辽阳、鞍山、盘锦、锦州、阜新、朝阳、葫芦岛和大连等 13 个地级市。

葫芦岛绥中九门口长城／傅延安

长城国家文化公园（辽宁段）
建设保护规划

2021 年 11 月

目　录

前言 …… 1
一、规划背景 …… 4
（一）总体条件 …… 4
（二）辽宁省长城资源概况 …… 5
（三）长城遗线文化和旅游资源概况 …… 7
（四）长城精神内涵和文化价值 …… 9
（五）长城国家文化公园（辽宁段）建设的重大意义 …… 11
（六）现状问题与挑战 …… 13
二、总体要求 …… 15
（一）指导思想 …… 15
（二）基本原则 …… 15
（三）总体定位 …… 17
（四）发展目标 …… 19
（五）发展策略 …… 20
三、总体空间格局 …… 25
（一）空间结构 …… 25
（二）区段划分 …… 26
四、四类主体功能区规划 …… 38
（一）管控保护区 …… 38
（二）主题展示区 …… 40
（三）文旅融合区 …… 50

（四）传统利用区 …… 52
五、五大基础工程规划 …… 58
（一）保护传承工程 …… 58
（二）研究发掘工程 …… 62
（三）环境配套工程 …… 64
（四）文旅融合工程 …… 67
（五）数字再现工程 …… 70
六、重点区段建设方案 …… 72
（一）缝中英汉辽宁长城文脉 …… 72
（二）兴城古城"山海瑰郎"体系 …… 78
（三）乔东古城 …… 83
（四）建平明长城核心段 …… 90
（五）锦州笔电山段 …… 95
七、环境影响评价 …… 101
（一）规划分析 …… 101
（二）环境影响预测与分析 …… 105
（三）环境影响减缓对策与措施 …… 109
八、组织保障 …… 113
（一）加强组织领导，健全管理机制 …… 113
（二）完善政策保障，强化行业建设 …… 114
（三）广泛宣传引导，强化公众参与 …… 115
附件 …… 117

前　言

长城是世界历史上工程量最大、修建时间最久、跨越地域最广、体系最为完整的冷兵器时代军事防御工程，具有突出的世界文化遗产所难以比拟的时空跨度。作为中华文明史中中华传统文化发展史上其有不可替代的重要价值和地位。长城凝聚着历代劳动人民的智慧和勇气，是中华民族精神与力量的伟大象征，是记录着中华上下的一脉不停的丰碑，更是镌刻在人类文明史册上的辉煌杰作。

2019年7月，习近平总书记主持召开中央全面深化改革委员会议，审议通过《长城、大运河、长征国家文化公园建设方案》，对长城国家文化公园建设作出总体部署。2019年8月，习近平在甘肃省嘉峪关视察时强调，"当今世界，人们提起中国，就会想到万里长城；提起中华文明，也会想到万里长城。长城、长征、黄河都是中华民族的重要象征，是中华民族精神的重要标志。我们一定要重视历史文化保护传承，保护好中华民族精神生生不息的根脉。""长城凝聚了中华民族自强不息的奋斗精神和众志成城、坚韧不屈的爱国情怀，已经成为中华民族的代表性符号和中华文明的重要象征。要做好长城文化价值发掘和文物遗产传承保护工作，弘扬民族精神，为实现中华民族伟大复兴的中国梦提供精神滋养力量。"

建设长城国家文化公园，是深入贯彻落实习近平总书记

系列重要指示精神的重大举措，也是一项国家重大文化工程。通过整合长城沿线文物、文化和生态资源，实施公园化管理运营，实现保护传承利用、文化教育、公共服务、旅游观光、休闲娱乐、科学研究的统筹，形成具有特定开放空间的公共文化载体，集中打造中华文化重要标志，对健全完善公园的文化展示功能和社会经济文化运行具有重大意义。

辽宁是长城国家资源分布最为丰富的省区之一，建设长城国家文化公园（辽宁段）既是贯彻落实党和国家中央决策部署的实际举措，也是推动落实辽宁文化和旅游资源质量提升的重要载体。围绕国家建设要求，辽宁要立足资源禀赋和建设实际，辽宁段争创全国之先，强化落实行动，满足要素建设在城国家文化公园（辽宁段）建设任务。

本规划是围绕围绕长城国家文化公园（辽宁段）建设保护的总体要求，并结合辽宁省实际建设内容。遵循导高质量标准要求，落实中央建设战略性，落实整体性和系统性，规划范围根据过辽宁大物存以跨辽宁省的城范围，葫芦岛、朝阳、抚顺、铁岭、沈阳、辽阳、鞍山、盘锦、锦州、阜新、朝阳、葫芦岛和大连等13个城市市，本规划实施期分为重点建设期（2020—2023年）、全面提升期（2024—2025年）、远景展望期（2026—2035年）三个阶段。

-1-　　　　　　　-2-

一图读懂

长城国家文化公园（辽宁段）建设保护规划

辽宁省长城国家文化公园建设工作领导小组办公室

前言
Foreword

　　长城是世界历史上冷兵器时代工程量最大、修筑时间最长、跨越地域最广、体系最为完整的军事防御工程，在中华文明史和中华传统文化发展史上具有不可替代的重要价值和地位，凝聚着历代劳动人民的智慧和血汗，是中华民族精神与力量的伟大象征，是屹立在中华大地上的一座不朽丰碑，更是镌刻在人类文明史册上的精彩杰作。

　　建设长城国家文化公园，是深入贯彻落实习近平总书记关于长城国家文化公园建设工作系列重要指示精神的重大举措，是党中央作出的重大决策部署，也是国家推动新时代文化繁荣发展的一项重大文化工程。

　　辽宁，作为长城资源丰富的省份，建设长城国家文化公园有着天独厚的优越条件。辽宁境内长城因其建造年代之早，边镇排序之前，防御责任之重，坐拥明长城东端起点，在中国历史上有着特殊的重要地位，并获得"九边之首"的美誉。近期，为贯彻落实新时代党中央、国务院决策部署，根据《长城、大运河、长征国家文化公园建设方案》《长城国家文化公园建设保护规划》，在省委、省政府高度重视、统筹协调下，辽宁长城国家文化公园建设工作领导小组靠前指挥，强化顶层设计，印发出台《长城国家文化公园（辽宁段）建设保护规划》。

看数据

在年代上——长城辽宁段现存战国（燕）、秦、汉、辽、明等 5 个不同时期的长城遗存。

在长度上——长城辽宁段燕秦长城总长度为 107.518 千米，明长城总长度 1235.989 千米。

在跨度上——长城辽宁段涉及丹东、本溪、抚顺、铁岭、沈阳、辽阳、鞍山、盘锦、锦州、阜新、朝阳、葫芦岛和大连等 13 个地级市。

在资源认定上——长城辽宁段资源点段认定数量位居长城沿线 15 个省（自治区、直辖市）中第 5 位，规模庞大。

看布局

两带——指辽西长城文化带和辽东长城文化带，以辽宁省现存最完整、景观价值最高的明长城为主体，重点展现辽宁地区古代军事防御体系的最高成就，将其打造为国家文化名片——"万里长城"的重要组成部分。

四区——指以虎山长城和内外线堡城为核心的鸭绿江下游长城防御体系展示区、以绥中蓟辽长城交接段和兴城古城为核心的辽西走廊山海城岛防御体系展示区、以建平县烧锅营子乡燕秦长城和张家营子镇汉长城为核心的辽西北早期长城防御体系展示区，以及以北镇广宁城、镇边堡和凌海市龟山长城、大茂堡为核心的军镇核心段防御体系展示区。

多点——指以与长城重大历史事件存在直接关联，以及具有文化景观典型特征的多个标志性长城点段、关堡卫所等作为形象标志点。

建设目标 **3** 步走

1. 重点建设阶段（2020—2023 年）

到 2023 年，丹东段、绥中段、兴城段、建平段、锦州段五个重点区段的主要建设任务基本完成，各类型长城博物馆、长城风景道、长城标识系统、长城数字云平台等重点任务、重大工程、重要项目基本落地并投入运营，助力长城沿线乡村振兴，形成一批可复制推广的成果经验，成为省内长城国家文化公园的样板示范区。

2. 全面提升阶段（2024—2025 年）

到 2025 年，初步建立长城国家文化公园(辽宁段)管理体制机制，长城国家文化公园（辽宁段）建设实现进一步巩固提升，分级分类的现代化长城文化展示体系基本建成，文化旅游实现深度融合，数字化再现工程在传承展示等方面发挥更大作用，长城国家文化公园（辽宁段）成为彰显中华文化的重要地标，在世界上具有较高的知名度和吸引力。

3. 远景展望阶段（2026—2035 年）

长城国家文化公园（辽宁段）全面建成，与相邻省份长城国家文化公园实现全域融合。符合新时代要求的长城保护传承利用体系全面建立，长城国家文化公园（辽宁段）全面融入区域社会经济发展全局和当地人民生活，长城精神得到广泛宣传，人与自然和谐共生。

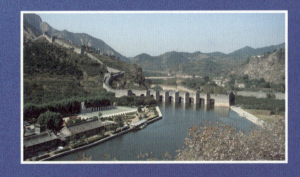

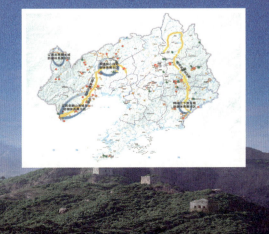

4 类主体功能区

管控保护区

　　由辽宁省已公布的全国重点文物保护单位、省级文物保护单位的保护范围组成；对于尚未公布保护范围的点段，暂按构筑物基底外扩 50 米划定。

主题展示区

　　由集中展示带、核心展示园、特色展示点三种形态组成，是长城文化遗产展示体验的主要区域，是主题突出、内涵清晰、边界明确、功能完善的公共文化空间。

　　集中展示带可分为辽西丘陵明长城展示带、辽河平原明长城展示带、辽东山地明长城展示带、辽西早期长城展示带、辽东早期长城展示带五类，总长 387.63 千米，总面积约 100 平方千米。

　　核心展示园可分为以丹东市宽甸满族自治县虎山长城、葫芦岛市绥中县九门口长城、朝阳市建平县烧锅营子燕秦长城和锦州凌海市龟山长城为核心的长城景区类，以葫芦岛兴城市兴城古城和锦州市北镇市广宁城为核心的城址景区类。

　　辽宁共规划建设 100 个特色展示点，包括单体建筑、关堡、相关遗存等不同类型。

文旅融合区

　　由主题展示区及其周边就近就便和可看可览的历史城镇、传统村落和自然生态、现代文旅优质资源组成，形成 21 个文旅发展示范区。重点利用长城文物和文化资源外溢辐射带动效应，通过"连点、成线、建网"，成为实现乡村振兴的核心引擎，助推长城所在地经济社会可持续发展。

传统利用区

　　由城乡居民和企事业单位、社团组织的传统生活生产区域，以及当地居民生产生活所必需的公共管理与公共服务用地、特殊用地和交通运输用地组成，是长城国家文化公园的支撑服务区。

5 大建设工程

保护传承工程

① 实施长城本体保护修缮工程；
② 加强保护长城文化景观及沿线自然生态环境；
③ 完善长城预防性保护与监测；
④ 创新长城文化展示与价值阐释。

研究发掘工程

① 加强长城文化和长城精神研究发掘；
② 开展长城主体系列宣传活动；
③ 推进长城文化艺术创作。

环境配套工程

① 做好长城辽宁段国家风景道体系建设；
② 加强长城沿线生态涵养和治理；
③ 做好长城沿线环境综合整治工作；
④ 完善长城景区旅游公共服务和配套设施建设；
⑤ 开展文化市场环境整治工作。

文旅融合工程

① 落实国家《长城文化和旅游融合发展专项规划》；
② 开发长城文化特色旅游产品；
③ 打造长城文化旅游专线；
④ 推进产业集聚融合。

数字再现工程

① 推进数字基础设施建设；
② 搭建官方网站和数字云平台；
③ 完善长城辽宁段资源管理信息平台。

丹东虎山段

锦州龟山段

绥中蓟辽明长城交会段

兴城古城"山海城岛"体系

建平早期长城核心段

重点 区段建设要点

🏛 绥中蓟辽明长城交会段

以锥子山—九门口—小河口长城为核心，包括李家堡乡、永安堡乡、前所镇相关行政村，总面积约 420 平方千米。

该项目段加强对前所城东墙、西墙及将军石摩崖石刻等保护和展示，重点推进绥中长城博物馆项目、前所古城基础设施改善项目、锥子山长城景区和小河口长城景区旅游公共服务设施建设项目，完成辽西长城国家风景道建设。

🏛 兴城古城"山海城岛"体系

以兴城古城为核心，包括兴城市城区、菊花街道、白塔满族乡、元台子乡，南票区大兴乡、虹螺岘镇和连山区寺儿堡镇等相关行政村，总面积 520 平方千米。

该项目段在营城子城、"海防五城"考古勘探、发掘基础上开展遗址的保护和展示工作，重点推进兴城古城环境整治和基础设施改造项目、连山区长城文化和旅游复合廊道建设项目，完成辽西长城国家风景道建设。

🏛 丹东虎山段

以虎山长城遗址为核心，包括长城沿线虎山镇、长甸镇、永甸镇、宽甸镇、青椅山镇、九连城镇、楼房镇、爱阳镇等相关行政村，总面积约 330 平方千米。

该项目段对赫甸城城址、爱阳城遗址等堡城遗址实施修缮，对虎山长城 3 段墙体及江沿台堡、赫甸城城址、九连城城址等重要堡城遗址实施环境整治和展示，重点推进东北亚边疆历史文化博物馆建设项目、"宽甸六堡"展览馆建设项目，完成长城旅游风景道建设。

🏛 建平早期长城核心段

以张家营子城址及烽火台为核心，包括长城沿线烧锅营子乡、张家营子镇和老官地镇等相关行政村，总面积545 平方千米。

该项目段加强建平燕长城和汉长城的日常保养维护和监测工作，重点推进建平县烧锅营子长城景区旅游公共服务设施建设项目，完成长城风景道骑行段建设。

🏛 锦州龟山段

以凌海市龟山长城和北镇市广宁城城址为核心，包括凌海市板石沟乡、温滴楼乡，义县大定堡乡，北镇市区、大市镇、正安镇等相关行政村，总面积 590 平方千米。

该项目段加强北镇市广宁城城墙、大市镇边堡及义县南树林子长城等遗址保护及展示，建设凌海市龟山长城遗址公园和大茂堡文旅融合景区，打造以长城烽燧文化为基础的医巫闾山文旅融合发展示范区，完成长城旅游风景道建设。

组织 保障举措

👥 加强组织领导　⚙ 健全管理机制　🔑 完善政策保障

👥 强化队伍建设　📊 广泛宣传引导　🤝 强化督促落实

011

长城国家文化公园
（辽宁段）
建设保护规划

北

0 12.5 25   50   75   100
千米

辽宁段长城资源分布图

图例

早期长城

现存明长城

消失明长城

三

长城辽宁段遗存年代示意图

辽宁历代为陆海边境交会之处，是各个历史时期的防御重点。长城辽宁段现存战国（燕）、秦、汉、辽、明等五个时期的遗存，仅次于河北、山西和内蒙古，历史悠久，时间跨度大，且辽长城为全国现存唯一一处。

辽宁段燕秦长城墙体主线长度为 107.518 千米，现存墙体累计长度为 41.211 千米。辽宁段明长城从东向西行经 12 个市、49 个区县、145 个乡镇、568 个行政村，总长度 1235.989 千米。

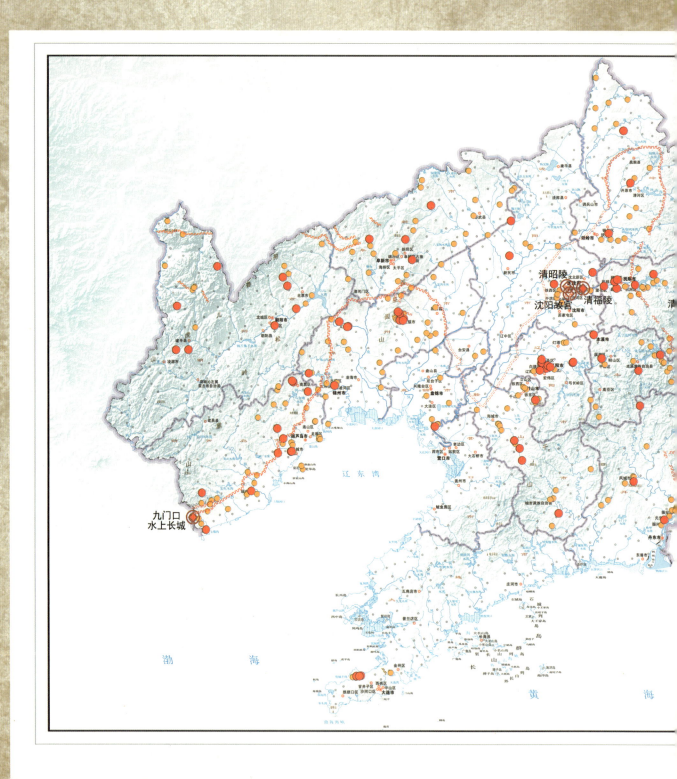

**长城国家文化公园
（辽宁段）
建设保护规划**

北

0 12.5 25   50   75   100
千米

长城辽宁段沿线
文物资源分布图

图例
- 世界文化遗产
- 全国重点文物保护单位
- 省级文物保护单位
- 早期长城
- 现存明长城
- 消失明长城

四

长城辽宁段沿线
文物资源分布图

　　长城辽宁段沿线分布了大量中华优秀传统文化资源，包括各级文物保护单位、名城名镇名村等历史文化资源以及非物质文化遗产。具体包括世界文化遗产 6 处，全国重点文物保护单位 78 处，省级文物保护单位 242 处。

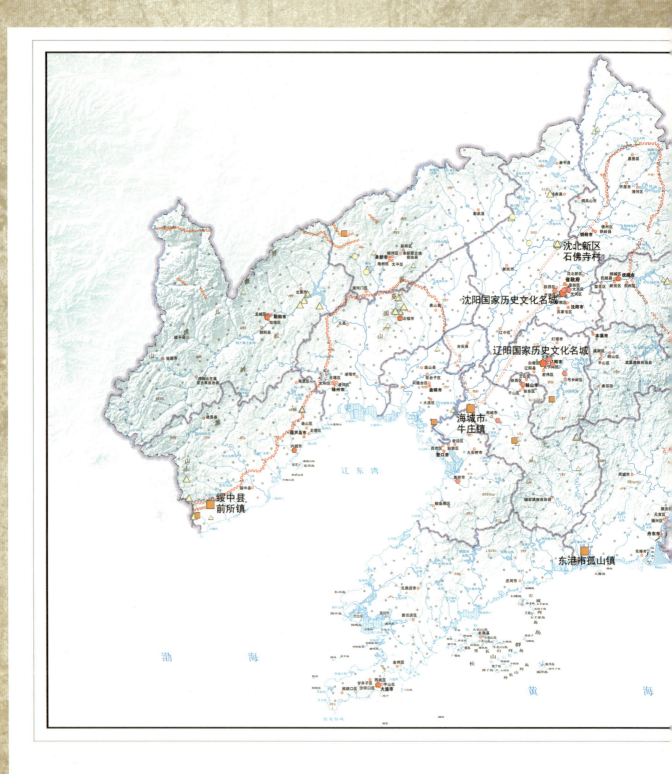

长城国家文化公园
（辽宁段）
建设保护规划

北

0 12.5 25   50   75   100
千米

长城辽宁段沿线
历史文化资源分布图

图例

⬠	国家历史文化名城
◻	中国历史文化名镇
◯	中国历史文化名村
△	中国传统村落
⬠	省级历史文化名城
◻	省级历史文化名镇
◯	省级历史文化名村
△	省级传统村落
◯	省级历史街区
〰	早期长城
〰	现存明长城
〰	消失明长城

五

长城辽宁段沿线
历史文化资源分布图

　　长城辽宁段沿线分布了国家历史文化名城 2 座，中国历史文化名镇 4 个，中国历史文化名村 1 个，省级历史文化名城 6 座，省级历史文化名镇 5 个，省级历史文化名村 4 个，中国传统村落 19 个，省级传统村落 25 个。

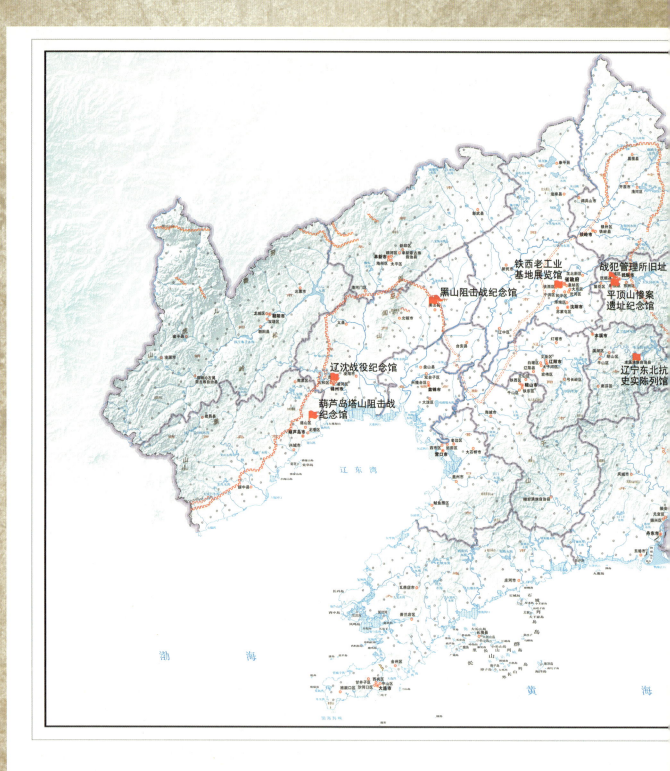

铁西老工业
基地展览馆

战犯管理所旧址

黑山阻击战纪念馆

平顶山惨案
遗址纪念馆

辽宁东北抗
史实陈列馆

辽沈战役纪念馆

葫芦岛塔山阻击战
纪念馆

长城国家文化公园
（辽宁段）
建设保护规划

北

0 12.5 25   50   75   100
千米

长城辽宁段沿线
革命文化资源分布图

图例

国家红色旅游经典景区
全国爱国主义教育示范基地
早期长城
现存明长城
消失明长城

六

长城辽宁段沿线
革命文化资源分布图

　　长城沿线保存了辽宁省大量革命历史相关遗址、纪念地、展馆等红色旅游资源，包括多处全国爱国主义教育示范基地和国家经典红色旅游资源等，承载着国人需要永远铭记的重要历史。

七

长城辽宁段沿线各市资源展示

充分考虑各时代长城文物和文化资源的地域分布特征、历史文化价值、景观游览价值、保存程度及开放利用情况等因素，以明长城为例，以辽宁现存最完整、景观价值最高的明长城为主体，按照长城辽宁段"M"线型分布，对辽西长城文化带和辽东长城文化带进行全境资源展示。

葫芦岛绥中九门口长城

万里长城东端起点—虎山长城

【一】巍峨万里东起点
丹东段长城

丹东市位于辽宁省东南部，鸭绿江西侧，东与朝鲜隔江相望，南临黄海。丹东依托境内鸭绿江、虎山长城、凤凰山等景区景点构成一幅独具风情的边陲画卷和蔚为壮观的鸭绿江百里文化旅游长廊，与沈阳、大连构成辽宁旅游的"金三角"。

丹东境内长城总长 3.727 千米。虎山长城为万里长城的最东端起点，是中国明长城的重要地标，也是国人心中对长城的重要记忆。长城虎山段沿线文化和自然资源丰富，形成了自然与人文交织的特色景观。

丹东虎山长城／王心荣

丹东虎山长城／王心荣

丹东虎山长城 / 武永明

丹东虎山长城／唐明章

丹东虎山长城 / 唐明章

赫甸城城址 / 代文祥

丹东虎山长城

丹东虎山长城 / 张清福

丹东虎山长城 / 高潮

丹东虎山长城新姿 / 田立

丹东虎山长城 / 唐明章

丹东虎山长城 / 张清福

丹东虎山长城新姿／田立

丹东虎山长城 / 傅延安

丹东虎山长城 / 秦娥

丹东虎山长城秋景／代文祥

丹东虎山长城／任晓彦

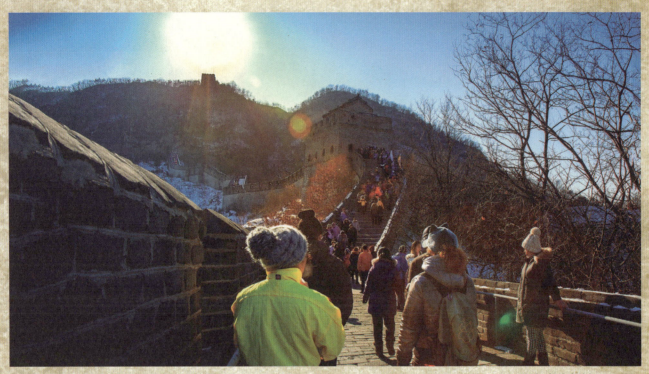

丹东虎山长城 / 于洪溪

丹东虎山长城 / 唐明章

丹东虎山长城／任晓光

丹东虎山长城 / 任晓彦

丹东冰封台堡城 / 姜兴波

丹东虎山长城 / 王桂兰

丹东虎山长城 / 任晓彦

丹东虎山长城 / 吴新民

丹东虎山长城 / 包伟

丹东虎山长城 / 傅延安

丹东虎山长城 / 傅延安

丹东虎山长城／童丽娟

丹东虎山长城／童丽娟

丹东虎山长城 / 童丽娟

丹东虎山长城 / 任晓光

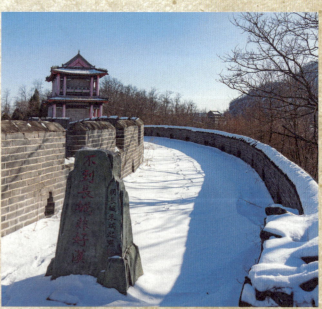

丹东虎山长城 / 童丽娟

丹东虎山长城 / 傅延安

丹东虎山长城 / 唐明章

【二】半岛腹地多山险
本溪、抚顺一带长城

　　本溪境内共有明长城遗址 239 处，其中城墙遗址 25 处、烽火台（敌台）遗址 204 处、铺舍 3 处、城址 5 处、城堡遗址 2 处，这些遗址多在荒山野岭，极易受到自然侵害和人为破坏。目前，明长城文化挖掘工程、明长城风景道等 7 个重点项目已初步列入《长城国家文化公园（辽宁段）建设保护规划》。

本溪化皮峪长城遗址

本溪李家堡子李王沟明长城遗址

　　抚顺市境内明代长城属于明辽东东部边墙（亦即"辽东东段长城"）的一部分。抚顺明长城遗址由北向南延伸，全长约 110 千米，沿线有烽火台、敌台、城堡、关隘、马市等辅助防御设施 200 余处。行经路线是从铁岭黄泥洼村进入东洲区，最后经新宾满族自治县出境。

抚顺市顺城区前甸镇靠山北山汉代列燧

抚顺市新宾满族自治县上夹河镇古楼河西烽燧陶片

抚顺市顺城区河北乡汉代烽燧出土陶片

抚顺市顺城区前甸镇靠山北山烽燧出土陶片

抚顺小夹河西山 2 号烽火台

抚顺小夹河长城 1 号敌台

抚顺岗东长城 3 号敌台

抚顺秋皮沟边墙

抚顺市顺城区前甸镇关岭西台汉代烽燧

抚顺小夹河段边墙峭壁墙

铁岭帽山烽火台航拍

【三】夜扯灯笼卫边关
铁 岭 段 长 城

　　辽宁段长城最北端的"尖角处"是位于铁岭开原市的镇北关，这里是中国汉族及其他农耕民族直接实际控制的最北端和纬度最高的地区。开原市历来就是"北方丝绸之路"的重镇。明朝时期古代劳动人民在修建长城的历史中积蓄了农耕、游牧、渔猎三大民族的文化养料，丰富了属于自己的文艺气息。

铁岭开原市双楼台

铁岭开原市双楼台长城遗址

铁岭开原市新安关遗址

铁岭帽山烽火台全景

沈阳沈北新区石佛寺塔

【四】浑河大战马蹄疾
沈 阳 段 长 城

　　沈阳段长城是明代辽东镇长城"辽河套边墙"的组成部分，在沈阳地区分散分布，共有 5 处遗址。2005 年，沈阳市文物考古部门曾对沈北新区的石佛寺村附近进行了考古勘查，发现明代"十方寺堡"城垣遗址及辽代双州城址。另一处为村北侧的辽代官府址。

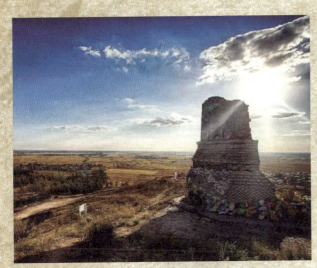

沈阳沈北新区石佛寺塔

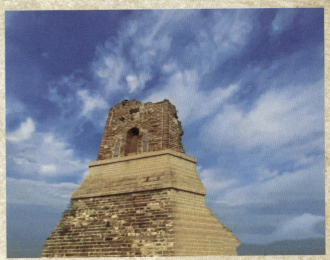

沈阳沈北新区石佛寺塔

沈阳马门子长城遗址

沈阳白家台烽火台遗址

沈阳柳蒿台烽火台遗址

沈阳马门子长城遗址

沈阳十方寺堡遗址

【五】镇守边关誓为明
辽阳、鞍山、大连一带长城

辽阳燕州城 / 薛优松

辽阳燕州城遗址 / 周毅

　　辽阳段长城遗址位于辽阳县西部太子河东岸低洼平原地带，主要有烽火台42 座，沿线全长 40 千米。城墙为版筑土墙，由于年代久远，水土流失，隐隐约约地能看到一线痕迹。

辽阳燕州城遗址 / 周毅

辽阳燕州城遗址 / 薛优松

辽阳燕州城遗址 / 薛优松

鞍山驿堡 / 薛优松

鞍山驿堡 / 薛优松

辽东长城鞍山境内的走向，经鞍山文物普查队近三年的实地考察，确认了两道明代辽东边墙遗迹：一条称为"外边墙"，一条称为"内边墙"，其总长约 100 余千米。鞍山境内明长城的建筑，采取就地取材，均为土筑。多数地段随辽河走势构建，因年久失修，故面目全非，遗迹难寻。

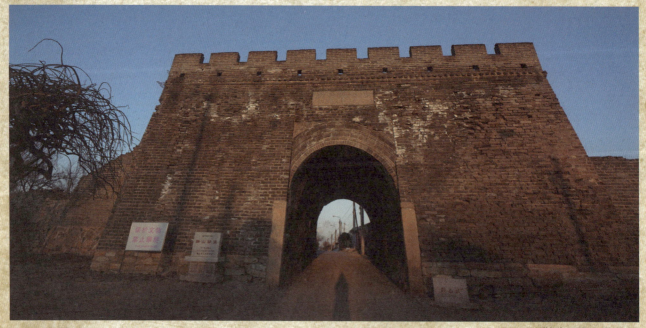

鞍山驿堡 / 薛优松

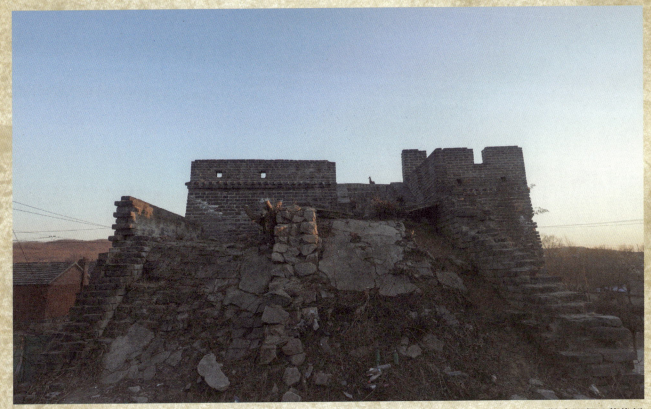

鞍山驿堡 / 薛优松

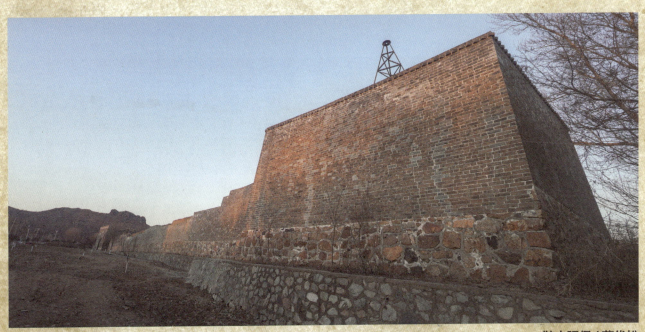

鞍山驿堡 / 薛优松

鞍山驿堡 / 薛优松

鞍山驿堡 / 薛优松

鞍山驿堡 / 薛优松

鞍山驿堡 / 薛优松

鞍山驿堡 / 薛优松

鞍山驿堡 / 薛优松

鞍山四方台烽火台 / 薛优松

鞍山四方台烽火台 / 薛优松

鞍山四方台烽火台 / 薛优松

大连长城遗址

大连长城遗址

　　目前长城大连段主要是辽代长城遗址。908 年，辽国在其东南国门所在的大连地区地峡处修建长城，将大连地区东部沿海作为大辽的海防边界实施管理。镇东关长城不仅是辽代唯一修筑的长城，也是历代最短的长城，长度约 6 千米。大连长城遗址基本踪迹全无，如今长城南段早已被夷为耕地。

【六】秦 燕 明 月 汉 时 关
盘锦、阜新、朝阳一带长城

　　辽东长城在盘锦域内长达 59 千米，是构筑较早的区段，多为傍河而筑。沿大辽河及辽东湾北岸一线，有 20 多处烽火台，成为辅助边墙的河海襟连的防御体系。兴隆台遗址在盘锦市兴隆台区，尚有残砖及墙基遗存在土中，是市区内唯一尚存的明代历史遗迹。

盘锦兴隆台烽火台

阜新高台山烽火台 / 郑福宁

　　明长城阜新段近 60 千米，前沿有阜新的卡拉山口和魏家岭山口，这两个山口是后金和蒙古骑兵攻明的必经道路之一，战略地位十分重要。这段长城是明万历年间，辽东镇总兵李成梁为抵御蒙古和后金进攻修筑的，是保卫总兵府所在地"广宁城"安全的一道防线，也是明代的重要北疆防线。这段明代长城边墙的发现，为研究辽西古代军事建筑设施又增加了一项新的内容。

阜新高台山烽火台 / 郑福宁

阜新高台山烽火台 / 李东石

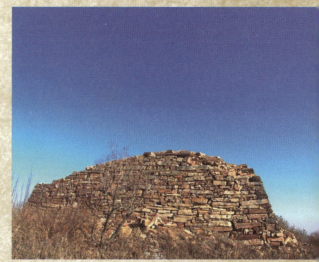

阜新高台山烽火台 / 李东石

阜新高台山烽火台 / 李东石

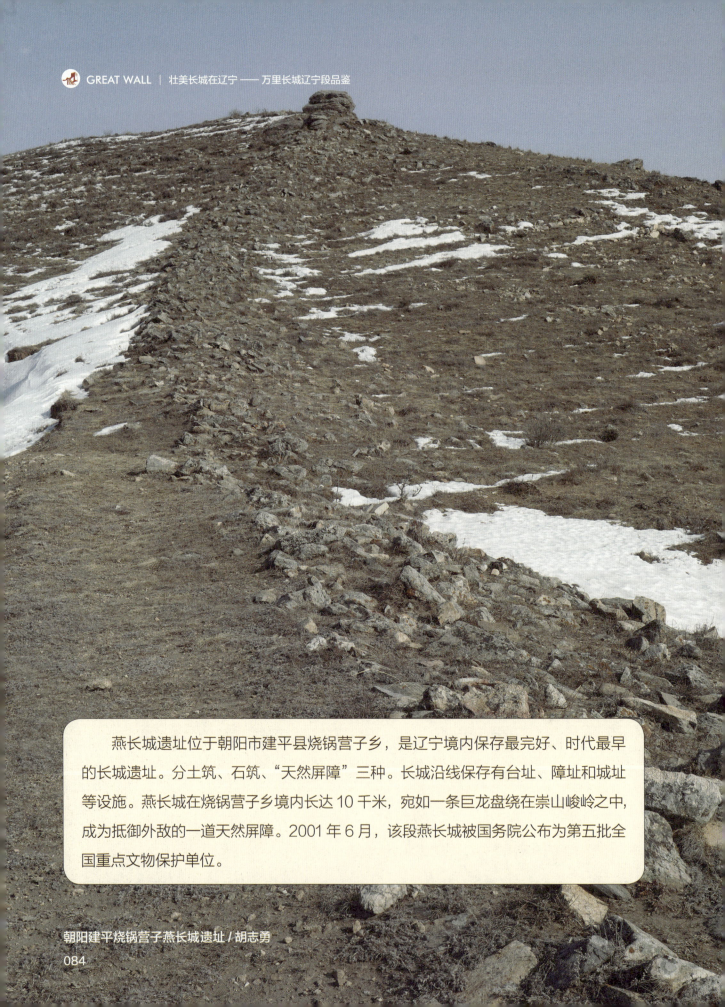

燕长城遗址位于朝阳市建平县烧锅营子乡，是辽宁境内保存最完好、时代最早的长城遗址。分土筑、石筑、"天然屏障"三种。长城沿线保存有台址、障址和城址等设施。燕长城在烧锅营子乡境内长达 10 千米，宛如一条巨龙盘绕在崇山峻岭之中，成为抵御外敌的一道天然屏障。2001 年 6 月，该段燕长城被国务院公布为第五批全国重点文物保护单位。

朝阳建平烧锅营子燕长城遗址 / 胡志勇

朝阳北票马家营明长城遗址／杜志刚

朝阳北票马家营明长城遗址／杜志刚

朝阳北票马家营明长城遗址／杜志刚

朝阳建平烧锅营子燕长城遗址／杜志刚

【七】明蒙辽金聚龟山
锦 州 段 长 城

　　明长城锦州段由阜新市清河门区折向西南，进入锦州市。从 2013 年 3 月至今，锦州地区明代长城的古城址、古建筑、古遗址、古长城等多处古迹被先后列入第五批、第七批全国重点文物保护单位。

　　位于北镇市区的广宁城即北镇城，为九边重镇之一的辽东镇，设总兵戍守。明初所建广宁城（北镇城）南城墙南城门楼正处于今之北镇鼓楼位置，后来城池向南扩展，明代南城门楼遂成为今之鼓楼。2006 年被列入全国重点文物保护单位。

锦州北镇医巫闾山 / 马俊儒

锦州北镇医巫闾山 / 马俊儒

锦州北镇医巫闾山 / 马俊儒

锦州凌海市温滴楼西边屯城遗址 / 马敏

锦州凌海市翠岩镇上苏家沟村长城遗址／马敏

锦州北镇古楼／龙双龙

锦州医巫闾山西麓 / 田立

锦州北镇古楼 / 龙双龙

锦州医巫闾山西麓 / 田立

锦州龟山长城 / 田立

锦州北镇医巫闾山 / 马俊儒

锦州广宁城遗址 / 马俊儒

【八】"三龙交会"显奇观

葫芦岛段长城

葫芦岛绥中西沟长城 / 杨毛毛

辽西长城最具代表性的点段为葫芦岛境内绥中蓟辽明长城交会段。以境内锥子山、小河口长城、九门口长城为中心。其次是以"山海城岛"体系完美著称的兴城古城。

锥子山被称作"东龙",与南、西两个方向的蓟镇长城,在锥子山长城10段上会合,形成了"三龙交会"奇观。九门口长城是长城世界文化遗产的组成部分,是国家AAAA级旅游景区,是明代最重要的关隘之一,也是保存至今的明长城过河城桥(又称"水上长城")的代表性案例。

葫芦岛绥中锥子山长城／姜兴波

葫芦岛绥中西沟长城 / 张恩得

葫芦岛绥中西沟长城 / 张恩得

葫芦岛绥中西沟长城 / 任龙

葫芦岛绥中长城 / 唐明章

葫芦岛绥中西沟长城 / 常亮

葫芦岛绥中大毛山全景 / 常亮

葫芦岛绥中锥子山长城云瀑／王建华

葫芦岛绥中锥子山长城 / 王建华

葫芦岛绥中锥子山长城 / 常亮

葫芦岛绥中长城 / 张敬谊

葫芦岛绥中长城 / 曾妍

葫芦岛绥中长城／李晓复

葫芦岛绥中长城 / 陈伟杰

葫芦岛绥中长城 / 陈伟杰

葫芦岛绥中长城 / 陈伟杰

葫芦岛绥中西沟长城 / 吴昆

葫芦岛绥中锥子山长城 / 邓旭

葫芦岛绥中九门口长城 / 王凤平

葫芦岛绥中西沟蓟辽长城 / 杨爱胜

葫芦岛绥中永安长城 / 王凤平

葫芦岛绥中小河口长城 / 张春怀

葫芦岛绥中小河口长城 / 张春怀

葫芦岛绥中西沟长城 / 刘以文

葫芦岛绥中西沟长城 / 刘以文

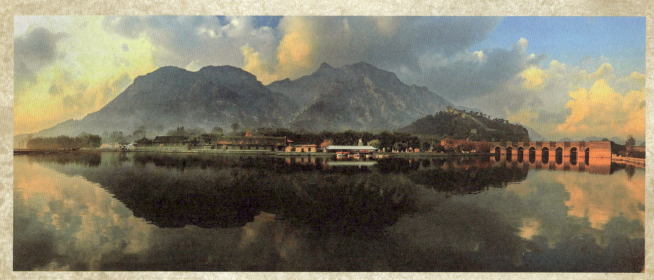

葫芦岛九门口长城 / 武永明

葫芦岛绥中西沟长城 / 李东石

葫芦岛绥中小河口长城 / 苗玺

葫芦岛绥中长城 / 刘志宏

葫芦岛绥中蓟辽长城 / 李东石

葫芦岛绥中锥子山长城全景 / 常亮

葫芦岛绥中西沟长城 / 石秀萍

西沟长城是辽宁保存最为完好的一段明长城，是明万里长城的主干线，现为国家重点保护单位。西沟长城不仅以险峻号称一绝，而且城上的敌楼建筑也是别出心裁的。有的呈方形，有的呈扁形，有的全部是砖石结构，有的是砖石木材混合结构，有五眼敌楼、六眼敌楼，有哨楼、库房楼等，令人叹为观止。

葫芦岛绥中西沟长城／陈绍元

葫芦岛绥中西沟长城 / 贾书文

葫芦岛绥中九门口长城 / 傅延安

葫芦岛绥中长城 / 潘清涛

葫芦岛绥中长城／于洪溪

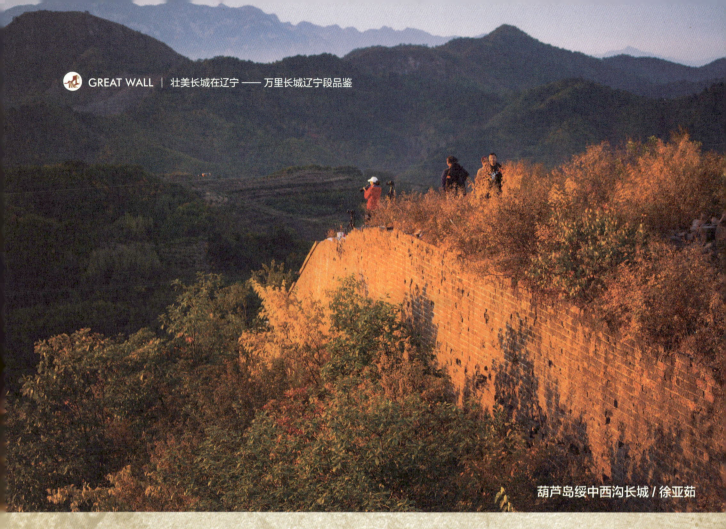

葫芦岛绥中西沟长城 / 徐亚茹

葫芦岛绥中长城 / 常亮

葫芦岛绥中长城 / 杨大江

葫芦岛绥中锥子山长城 / 孟凡霞

葫芦岛绥中西沟蓟辽长城 / 杨爱胜

葫芦岛西沟长城 / 贾作祥

葫芦岛绥中锥子山长城 / 张艳秋

葫芦岛绥中长城

葫芦岛绥中西沟长城 / 尹素媛

葫芦岛绥中县前所古城西城墙和瓮城／常亮

葫芦岛绥中西沟长城 / 陈绍元

斑驳的葫芦岛绥中锥子山长城一角 / 孟凡霞

葫芦岛绥中长城 / 时平

葫芦岛绥中长城 / 武永明

葫芦岛绥中西沟长城 / 常亮

葫芦岛绥中西沟长城 / 石秀萍

葫芦岛绥中西沟长城 / 任龙

葫芦岛绥中长城 / 汪锡铭

葫芦岛绥中九门口长城 / 戴安琪

葫芦岛绥中九门口长城 / 戴安琪

八

长城精神文化在辽宁大地弘扬

　　辽宁自古至今均处东北亚汉文化影响圈中的关键位置。长城辽宁段的建设不仅体现了历代对东北地区物质层面的开拓、建设，也体现了中华农耕文化同游牧文化、渔猎文化、稻作文化的交流与融合，更见证了以中原文化为核心的中华先进文明向边疆地区和国外传播的历程。

　　在辽宁，长城的意义不仅是物质的，更是精神的。长城是中华民族的精神象征，长城精神文化在辽宁大地呈现的，是天下兴亡、匹夫有责的爱国情怀，是视死如归、宁死不屈的民族气节，是不畏强暴、血战到底的英雄气概，是百折不挠、坚韧不拔的必胜信念。

　　在省委、省政府的坚强领导下，辽宁 13 个沿线城市正在推进长城国家文化公园建设有序稳步开展。同时，通过举办论坛、制作宣传片、编印画册、采风调研等大家喜闻乐见的形式，深入讲解和宣传长城国家文化公园建设的重要意义、丰富内涵和进展成效，彰显中华优秀传统文化的雄伟感召力。

国庆·辽宁彩车　　　　　　　　　　　　　　　　　　　**沈阳新松机器人**

沈阳故宫

【一】国家历史文化名城

　　长城辽宁段沿线的文化与旅游资源十分丰富，分布了大量中华优秀传统文化资源，仅国家历史文化名城就有沈阳、辽阳两座。

【沈阳】

　　沈阳历史悠久，具有 7200 多年的新石器人类繁衍生息史和 2300 多年的建城史，是清文化的发祥地，素有"一朝发祥地、两代帝王城"之美誉，是中华民族原始文化的起源地之一、体现东北地区多民族和多元文化交融的典型城市；沈阳是我国近现代工业发展的代表性城市、在我国城市规划建设史上具有重要价值的城市、1986 年国务院公布的国家历史文化名城。

沈阳故宫

沈阳清福陵

沈阳清昭陵

沈阳清福陵

沈阳中山广场

沈阳中街

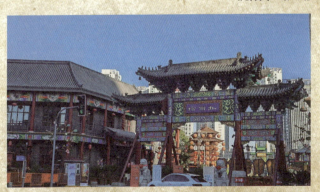

沈阳北市场

东京城遗址公园

【辽阳】

　　辽阳，素有"东北第一城"之称，是东北地区建置最早的城，是一座有着2300多年历史的文化古城，是中国东北地区的交通枢纽和军事重镇。辽阳文化积淀深厚、遗产资源丰富，白塔、东京陵、台子沟、唐户屯等4处历史文化街区是辽阳境内十分珍贵的聚落类文化遗产，辽阳是2021年国务院公布的国家历史文化名城之一。

曹雪芹故居

辽阳白塔

【二】红色文化资源禀赋

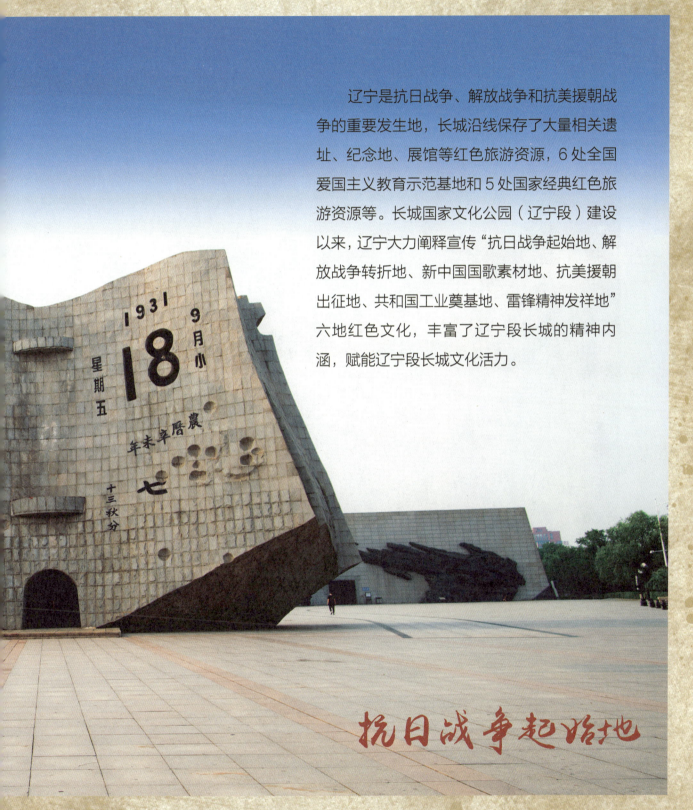

辽宁是抗日战争、解放战争和抗美援朝战争的重要发生地,长城沿线保存了大量相关遗址、纪念地、展馆等红色旅游资源,6处全国爱国主义教育示范基地和5处国家经典红色旅游资源等。长城国家文化公园(辽宁段)建设以来,辽宁大力阐释宣传"抗日战争起始地、解放战争转折地、新中国国歌素材地、抗美援朝出征地、共和国工业奠基地、雷锋精神发祥地"六地红色文化,丰富了辽宁段长城的精神内涵,赋能辽宁段长城文化活力。

抗日战争起始地

沈阳"九·一八"历史博物馆

丹东天桥沟杨靖宇烈士雕塑

解放战争转折地

辽沈战役纪念馆

葫芦岛塔山革命烈士陵园

新中国国歌素材地

东北抗联史实陈列馆

东北抗日义勇军纪念馆

抗美援朝出征地

抗美援朝纪念馆

志愿军公园

丹东鸭绿江断桥

抗美援朝志愿军烈士遗骸回家

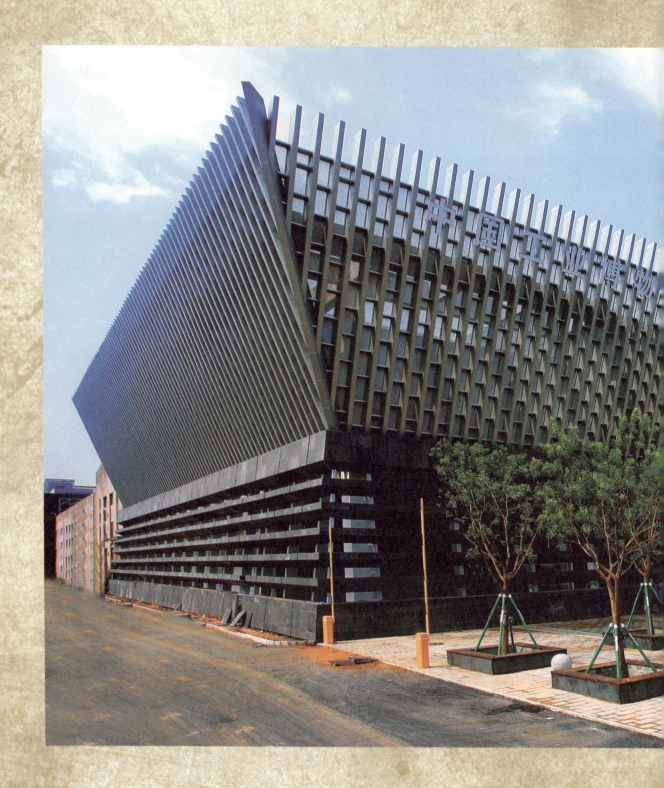

共和国工业奠基地

中国工业博物馆

大国重器

鞍钢博物馆

抚顺雷锋纪念馆

雷锋精神发祥地

抚顺雷锋纪念馆

辽阳雷锋纪念馆

弘扬雷锋精神

长城腰鼓 / 包伟

长城脚下欢歌劲舞 / 唐明章

长城颂歌／唐明章

长城精神代代传／姜兴波

图书在版编目（CIP）数据

壮美长城在辽宁：万里长城辽宁段品鉴 / 辽宁省长
城国家文化公园建设工作领导小组办公室编. —沈阳：
辽宁人民出版社，2023.10
（长城文化在辽宁）
ISBN 978-7-205-10932-5

Ⅰ.①壮… Ⅱ.①辽… Ⅲ.①长城—文化研究—辽宁
Ⅳ.① K928.77

中国国家版本馆 CIP 数据核字（2023）第 210241 号

地图审图号：辽 S（2023）81号

出版发行：辽宁人民出版社
地址：沈阳市和平区十一纬路 25 号 邮编：110003
电话：024-23284321（邮 购）024-23284324（发行部）
传真：024-23284191（发行部） 024-23284304（办公室）
http ://www.lnpph.com.cn
印   刷：沈阳百江印刷有限公司
幅面尺寸：210mm×267mm
印   张：14
字   数：50 千字
出版时间：2023 年 10 月第 1 版
印刷时间：2023 年 10 月第 1 次印刷
责任编辑：李翘楚
装帧设计：留白文化
责任校对：耿 珺
书   号：ISBN 978-7-205-10932-5

定   价：80.00 元